T0283022

Verso&Cuento

LA LUNA
EN VERSO

Patricia Fernández

Papel certificado por el Forest Stewardship Council®

Primera edición: abril de 2024

© 2023, Patricia Fernández en colaboración con la Agencia Literaria Antonia Kerrigan
© 2023, Penguin Random House Grupo Editorial, S. A. U.
Travessera de Gràcia, 47-49. 08021 Barcelona
© de las ilustraciones del interior, Natalia Bosques

Printed in Spain – Impreso en España

ISBN: 978-84-03-52422-4
Depósito legal: B-793-2024

Compuesto en Mirakel Studio, S. L. U.

Impreso en Limpergraf, S. L.
Barberà del Vallès (Barcelona)

AG 2 4 2 2 4

Para ti, mi Musa,
mi Abuela, mi Yaya.

No sé llorar, pero sé escribir:

En este corazón, como en estos versos,
todo acaba en agua salada:
ya sea de tinta o de Mar.

LA LUNA EN VERSO

En vez de en mi almohada
lloraré sobre mi tumba,
pues desde que te fuiste
no he tenido luz de luna.

CHAVELA VARGAS, *Luz de luna*

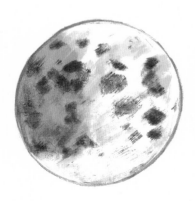

Agonía crepuscular

Luz de Luna

AGONÍA CREPUSCULAR

No sé qué escribir,
no sé qué pensar,
me siento huérfana de poesía.

Vago a pie de andén,
trazo sinuosos caminos.

¿Cuál de todos me lleva a ti?

El Alba devolvió un cielo
encendido y parsimonioso
sobre la faz fugaz.
En un sueño te has marchado:
aquellos vientos te fueron a buscar.

Camino y recuerdo,
minuciosa y poeta,
la plata de tu cabello,
el cristal de tu piel,
el almidón de tus pechos.

No es real...

Me deslizo sin destino
y cada estación flagela mi Alma
para acercarme a tu carne inerte.

8.20:
volaste tú y, contigo, retazos de mí.

Te escucho respirar.

Hoy no hay palabra que alivie,
ni abrazo que sostenga.
Hoy el cielo bajó para recogerte
y enmudecieron los poetas.

Ojalá poderte besar.

Manan palabras
de las raíces de la memoria.
Allí donde se quiebran las rosas
que sobreviven
a los silencios
de la poesía.

Brotan para calmar.
Brotan para sanar.
Brotan para recordar.

La Luna ya no me guarda el secreto,
ahora salva entre sus manos de parafina
mi más preciado tesoro
y custodia lo que por justicia
me ha sido arrebatado.

Y yo que vago
y yo que escribo:
huérfana de ti.

En el aliento del desconsuelo,
la carne es débil y ansía tu calor.
Y aunque ahora danzas ligera
en los pasillos de la memoria,
martiriza no poder besarte
como lo hacía yo.

Reina de los cielos,
Mujer de mis amores,
un hilo plateado me une a ti:

Vuela, Abuela, vuela,
ahora la Luna te cuida por mí.

25 de noviembre de 2019

CRYSTAL TEMPORE

En tu sacra imagen mi Alma se desdobla,
tu caricia maternal atraviesa mi diafragma.
El sepulcral dolor desvanece tu mirada
y la tierra respira sangre aún lozana.

¡Calla, Mujer, que el llanto es amargo!
Y deshaz, fastuosa, este cuerpo ya inerte.
Seduce a la Luna que clama el misterio
de la nieta que llora de espaldas tu muerte.

La espada caliente atraviesa mi pecho,
es tu ausencia pura: me mira de frente.
En La Noche Oscura mi amargura clama
los versos que sangran volver a tenerte.

¿Debo amarte, ahora, el cuerpo cenizo
y tu ciega sonrisa regada de lirios?

La sangre que mana mancha la tierra,
el llanto me ahoga y siembra tu ausencia.
Ni la miro de frente, ni puedo rogarle:
me devuelva a tus brazos,
me devuelva a mi Abuela.

EPITAFIO ESPIRITUAL

Poco a poco,
su luz se extingue llana,
el silencio llena su voz,
ojos que bailan, divagan.

Letargo de lo vivido,
el cuerpo no responde.
Como ciervos lo parido,
la oscuridad se esconde.

La Musa de su mirada
aún destila cierta vida,
sortilegio de un corazón
que no abandona la partida.

Quién pudiera devolverte
lo que ella te quitó
y colmarte de nuevo, Yaya,
de mi más sincero amor.

AFORISMO VERSADO

Las lágrimas brotaron como sordos delirios.
Los días mermaron hacia formas inconexas.
El ávido sabor de la vida se tornó frugal
y el beso del pelaje helado fue mortal.

SEPULCRO AL SILENCIO

Ahora que la Luna te viste de plata,
ahora que el cielo te reclama su hogar,
ahora que besas en suspiros de malva,
ahora que las lágrimas son de azahar.

19 de febrero, sepulcro silencio,
mendigo al cielo: «Venme a buscar».
Brota una rosa forjada de fuego,
escribo a la Tierra poemas de Mar.

Trazo estos versos con tinta de sangre:
(…) te quiero: te quiero: te quiero (…)
volver a besar.

SALVAVIDAS METAFÍSICO

La certeza de mi realidad
es que solo sueño contigo
y es tu imagen celestial
la cadena de este mendigo.

Te esbozo en la mañana,
aún no has despertado,
y descubro obnubilada
que no yaces a mi lado.

En el pliego de tu lecho,
caen las sábanas frías.
Yo trato de adivinarte
en sus esquinas malditas.

¿Dónde quedas, sacra Musa?
Que quiero escribirte yo.
¿Dónde te paseas, bella?
De noche tras el portón.

Isabel en el pecho llevas,
digna Reina de tal pasión.
El horizonte se torna bravo
al pasear tal grácil don.

Silencio de pulcro luto,
de tu gesto mi devoción.
Solo por ti vivo y muero
en los vacíos del renglón.

Y yo que solo letras,
poeta y corazón.
Te ruego, Abuela,
amansa este dolor.

LUZ DE LUNA

Me sé cada rincón de ti,
benditas manos
tejedoras del Amor
más profundo
y verdadero
que he llegado a probar.

Me quedo sin poesía,
te la regalo a ti:
llegó la noche en pleno día.

Federico

Medianoche en Granada

FEDERICO

84 son los años
desde que el cielo oscureció.
84 son los años
de luto en la poesía,
por los versos que dejaste
tras la Luna y bajo el Sol
y los que nunca más,
Federico,
escribirías.

84 son los años
para llorar por Amor.
84 son los años
de Granada a Nueva York.
Gitano de mi pena
y mi triste corazón
por 84 años
de luto y devoción.

Niño de mi Luna,
dime, ¿dónde estás?
Estos 84 años
me envejecen sin piedad
y desoyen mi juventud
de almizcle y algodón
por 84 que se yerguen
como esquela de este Amor.

El llanto de la tierra
mana sin cesar,
sobre el manto, la Virgen
llora muerta de amor
84 perlas, 84 estrellas
que cubren el cielo
de pena y devoción.

Congregarse los poetas
en este cielo sin Sol
para rendir al que fuera
¡Poeta eterno!
¡Poeta niño!
Y descanse sobre la tierra
en la que yace mi Amor.

84 son los años,
Federico,
sin tu voz.

Niño, ahora duerme,
Niño, ahora descansa,
mientras la Luna susurra:
«Vive, Federico, vive»,
y vuelve a salir el Sol.

18 de agosto de 2020

LLANTO SOBRE LA TIERRA

Manos de plata,
sangre y poesía.
Labios de tinta
sin nombre ni edad.

Boca del pueblo,
duende y gitano.
Dime, Federico,
dónde fuiste a parar.

RÉQUIEM

Dos almidones reposan,
dos balas sin disparar.

Los ojos sobre la tierra
el cuerpo tras el umbral.
Atrás quedan la Virgen,
la Madre y la Piedad.

Las manos de pianista,
sin nombre ni edad.
Mancillan la poesía,
el amor y la ciudad.

Ni duende, ni gitano,
ni hombre, ni mortal.
Bajo la tierra, mi llanto.
Sobre tu pecho, mi altar.

Si la boca ya no besa
y la mano ya no da.
Dime, Federico,
dónde fuiste a parar.

Jamás podré yo
amar *así* a otro hombre
si no encuentra mi Alma
dónde llorar su sepultura.

POETA DE ALMIZCLE

Moreno mío.

Son tus cabellos silicios,
tu boca de tinta
y tu beso mortal
los que deshacen fantasías
y hacen que por las Ramblas
quejumbrosos poetas
ansíen despechados
la paradoja
inequívoca
de tu libertad.

MEDIANOCHE EN GRANADA

Qué fueron estas,
estas y no otras:
las calles que te lloraron.

Qué fueron estas,
estas y no otras:
las luces que te velaron.

Qué fueron estas,
estas y no otras:
las gentes que te cantaron.

Qué son a ti,
Federico,
mis poemas y su llanto.

Noviembre de 2017, Granada

La Luna en verso

Luna nueva

LA LUNA EN VERSO

Algunas veces
la Luna te trae
y otras tantas
a ti me lleva
y de vez en cuando
Luna
viene para recordar
que mis versos
en tu piel
escritos llevas.

PLEGARIA DE LUNA

Luna Lunera,
te quisiera yo escribir:
si pudieras esta pena
llevártela de aquí.

Soy Niña de poesía,
versos tristes, amplio Mar.
Escondo en mi sonrisa,
lo que yo no sé contar.

A veces me tropiezo
con el amor de pincel
y siempre vuelvo flaca
a quien me dio de comer.

Me verso de Chavela
y de Frida me pinto.
En ti busco a mi Abuela,
a mi madre y a un niño.

Mi vientre alumbró
lo que no reconocí,
por saberme de prisas,
belleza y frenesí.

Son los versos muertos
antes de nacer,
yacen en la tierra
de Lorca y de Isabel.

Allá está el Paraíso
que nunca llego a ver.
Mas Luna te ruego:
tiempo para volver.

Si Luna tú quisieras
quedarte a mi verita,
te llevaría conmigo
hasta el fin de mis días.

Con esto me despido,
mi diáfana Poetisa,
tú llévate esta pena
de alacrán y de ceniza.

LUNA LLENA

Soy salvaje
si son tuyos
los bosques
por los que
me dejo llevar.

Y llevar
y llevarte
y en la próxima
Luna llena
por mí,
de mí,
llenarte.

ROMANCE DE LA LUNA

Escribo ante la Luna,
le quiero confesar:
después de mil Soles
lo volví a recordar.

Atado a su guitarra
me vino a visitar,
desnuda en la cama
comencé a esperar.

La Luna me regaña:
«No vuelvas a caer».
Mas sabe la Luna
del deseo de la piel.

Yace sobre mi lecho
el amor que regalas,
y yo escribo tendida
letras que me sanan:

Rojez de niña parda,
escribo versos tristes,
le pregunto a la Luna
por qué no me quisiste.

Espejismo de febrero
juro haberte visto,
la Luna y su lucero
prueban mi delirio.

Nueve son las Lunas,
le resta un estival,
para que se cure aguda
esta pena y voluntad.

Si lloro ante la Luna,
¿me vendrías a buscar?
Apresura, dan la una,
Sabina sale a cantar.

Ni lloro ni confieso
sacra atea del lugar.
Si pudiera en un beso,
te volvería a amar.

PLEGARIA

Eres Mar
y Luna llena,
la que te trae,
la que me lleva.

SASTRE DE LUNA

Para Pablo García

Alguien como tú
tiene que escribir
sobre una Luna
como esta.

Para deshacer
en negro sobre blanco
los claroscuros
de tal misticismo.

Hacer de amores en guerra
batallas de furtiva espera.
Y que baile la Luna chica
desnuda tras la trinchera.

Para que sane la pena salmodia,
quimera de la pasión.
Y en tu guitarra mueran amantes
en busca de tal dolor.

Para que cumpla la profecía
de la sagrada premonición.
Y antes de acostarse la Luna
le pueda besar el Sol.

Para que polvo sobre estrellas,
la tierra cobre la vida.
Y bailen los corazones
al ritmo de tu melodía.

Para que furtivos recuerdos
vuelvan a ser vividos.
Y mientras seamos encierro,
la libertad sea el sino.

Pero alguien como tú
ha de escribir
sobre una noche como esta.

Porque solo en tu guitarra
besa el Sol a esta Luna nuestra.

10 de marzo de 2020, Madrid – Barcelona

LUNA NUEVA

Aquella noche
la Luna
me supo a ti.
Para aquel entonces,
yo ya me había marchado.

El Mar que nos vio crecer.
He vuelto a él.
Tú me lo regalaste.

¿Dónde estás?

RITUAL PARA TUS OJOS TRISTES

Cantabas
con el parecer
de Dios cuando amanece
y reprende altivo
los pecados
de todos sus hijos.

Las palabras fueron la quimera.

Poesía a pie de andén

Meditaciones sobre el vacío

POESÍA A PIE DE ANDÉN

Entre tus idas y venidas
y mis ganas de escapar,
se te va el tren a Barcelona,
a mí la vida de este lugar.

Que no te quiero, Niño de Oro,
vuela libre donde quieras marchar,
amarra vela cuando sientas
que es demasiada la tempestad.

Entre Dante y Unamuno
la muerte acecha tras el cristal,
mira, Niño, ya no te espero,
otra Luna por mí lo hará.

NIÑO DE CRISTAL

Para la quimera. Para A.

A veces las luces no le dejan ver,
y es una pena, Niño de Cristal,
que se deje deslumbrar
por los focos transparentes.

Cristaliza amores de sueños punzantes,
camas fugaces sin nombre ni edad.
¡Ay! Niño dulce, bello y cobarde,
confunde mis deseos y su realidad.

Turquesa Luz se cuela inocente
por la cérea rendija del ventanal
y si usted supiera, Niño sin Alma,
a mi verita cerca se iría a quedar.

De un par de paseos yo le podría
sin salir de Madrid, otro mundo mostrar.
Usted capture en su lente el momento,
no se escape el instante a la eternidad.

La Luna en verso

Si usted quisiera, Niño de Marte,
un segundo le fuera yo a regalar.
Pero no quiere, no puede Niño,
y a punto está de verme marchar.

¡Ay! Niño dulce de cien amapolas,
tápese bien, se va a resfriar.
Deje que hoy le cante la Luna,
que ellos no se han de qué enterar.

PLAZA ESPAÑA

Yo tan poeta,
arisca,
Niña de noche y día.

Usted tan estrella,
querido,
pantalla y fotografía.

Me invita a cenar:
le ofrezco este vals.

Somos dos gatos. ¡Cuidado!
Se asoman desde un balcón.

Quieren ver:
el Pecado,
Madrid de malecón.

Y nos señalan,
burlados,
sin rituales ni perdón.

Una mano
(como un dardo)
se mete en el pantalón.

Le invito a cenar.
Me ofrece este vals.

Le beso
y el cielo se cierne
desnudo sobre Madrid.

Plaza España,
me recuerda
que se ha vuelto a ir.

INSTRUMENTAL SOLO

Para A.

La tristeza es el colchón
sobre el que descansar.

Si mañana no existimos
y el Sol se apaga sin más,
no habrá importado nada,
ni las luces ni su tempestad.

Tú de mujeres, éxtasis y giras.
Yo de poesía, vino y ciudad.
De ti no quiero nada
que no se esconda
en tu bondad.

No quiero las fotos ni la (…),
ni los que te paran al pasear,
ni esa versión de estrella y diva
con zapatos de charol y mirada fugaz.

No te quiero
si soy *sincera*.

Ni tú a mí
a decir *verdad*.

Pero la historia sobre la Gran Vía
dando la espalda a la Gran Ciudad
es mi sueño y pesadilla
juro mientras *vuelvo* no regresar.

Eres enigma, música y herida,
aunque solo luces quieras mostrar.
Adiviné en tus ojos la cruel espina
que por las noches te hace llorar.

Ni luces ni multitudes,
ni fotos ni el gran show.
Ahora somos seres aislados
y vuelves a mí buscando don.

Juro que esta sería la última,
que no volvería más a caer.
Luego la cama se hace Gran Vía
y yace Barcelona bajo mis pies.

Las cenas quimeras son mi refugio,
insaciable apetito, me echo a correr.
Quédate, Niño, la noche a mi vera
y serás rocío al amanecer.

Imagina que soy quien teje en vigilia
viejos poetas de cuerpos ufanos,
desvisto de versos el cuerpo maltrecho,
tejo en palabras lascivos engaños.

La libertad tan ansiada solo esquivo,
encierro y desnudo, sacro deseo.
Ser noche y día, plata promesa,
cuerpos saciados, corren sin dueños.

Cuarenta días sobre la cama,
cuarenta noches que me condenan
a lanzarte dardos de muerte y lujuria
y que canten los versos nuestra quimera.

Vete, no me quieres,
no te quiero.
Pero qué delicia
imaginarte aquí.

CAPITOL

Quiero jugar,
sin cenas,
ni preámbulos.

Tempestad de dos ciudades:
Barcelona desde mi cama,
Madrid a la ventana.

Redención.

No te quiero imaginar:
dos sobre uno:
uno sobre dos.

Maldito ego:
Te quiero

odiar
odiar
odiar

y luego hacerte el Amor.

¿Te imaginas?
Nos imagino,
y no sabes cómo
y no sabes cuánto.

Hoy salgo a quemarte.

Quimera.
Bruja.
Poeta.

Le digo:
«Quiero jugar».
¿Tocar?
Tocarte.

Gran Vía es el traje
de mi desnudez.
La noche dentellada
no se llega a deshacer.

¿Qué harías?
Imagina.

Donde acaba lo humano
y empieza lo dantesco
se deshacen nuestros sueños.

Sudarte.
Besarte.
Atraparte.

Ese lenguaje
lo hablan los cuerpos.

No pares.
No quiero.
No puedo.

Fotografías.
Volverías a estar encima
debajo de lado delante detrás.
Te volvería a matar.
Ya hemos estado aquí.

¡Alto el fuego!

Benedetti desde el hotel.

The end.

No hay final.
Hoy estás preciosa.
Me dan ganas de quererte.
Quiéreme.

Mejor no.

Ya - no

Encerrémonos
tú y yo
al toque
de Libertad.

Quid - pro - quo

No me interesa Gran Vía
ni la Ciudad.
Tampoco tú,
no puedo mar,
no puedo más.

Vicio.
Cognición.
Vil redentor.

Quimera pasión:
te he recorrido
tantas veces
que me sé
cada ápice
de memoria.

Me he vestido de gala
para que me desnudes.

Se apagó la poesía.
Grito animal.
Éxtasis.
Vacío.
Fugacidad.

Tristes niños.
Poetas al filo
de alacrán.

Que le jodan
a los libros,
esto sí que es follar.

¿Te imaginas?
Nos imagino.
Este polvo
lo hemos echado ya.

ESTRELLA DE CENIZAS

Las lágrimas destilan como sordos delirios.
Las sombras se concatenan en templados deseos.
El abatimiento se torna monótono.
La vida comienza a bailar,
él comienza a tocar,
yo me dejó llevar:

un: dos: tres (!)

La numerología desenmascara
la sacralidad de la dualidad
decorosa

un… dos… tres.

La imaginación se desata.

NOSALTRES DES DE LA MEVA FINESTRA

Dibujarte con las luces de Gran Vía,
tiempos muertos cuando miran.
Sonríeme, Niño de Enigmas,
seamos otra época, otras vidas.

Cantas versos de silencio,
yace tu boca en mi retina.
Habla Lorca, calla Bowie,
te escribo poesía en ruinas.

Desacorde de un encuentro,
dos vidas en sincronía.
Despojamos la vida al Arte
y del Amor la distopía.

Si por Banksy nos dibujasen
y por Neruda nos versaran,
tempo lento, tempo muerto,
este Amor sería el mantra.

Ahora regresa a tu Barcelona,
que ya despedí yo Madrid.
En otra vida, Dios me perdone,
Niño de Marte, vuelvo a por ti.

MEDITACIONES SOBRE EL VACÍO

No sé si era Amor
o intento
sordo
hueco
vacío
incógnito
de contarnos las venas.

Diástole personal

Pulsión al Eros

DIÁSTOLE PERSONAL

Me flagelo,
y lo llaman:
Arte.

Me desangro,
y lo llaman:
Poesía.

Imperativo para el cuerpo tullido:
he de acabar
conmigo.
¡Ángel mío!
Que duela: duela: duela.
¡Piedad!
Dormir pasando
frío,
vivir sintiendo
hambre,
y que, cuando llegue
la muerte,
sea la despedida
tan ansiada
más que la tristeza
de quien amaba
la vida.

PRIMAVERA EN PARÍS

En un París desconocido,
de un abril bicolor,
donde hubimos existido:
nazco y muero en un suspiro.

HOLANDA DESDE PARÍS

El Sena de sus ojos
y su magia por Madrid.
Es mi libro favorito
el Amor de mi París.

MUSO ESTOICO

Muso de mi poesía,
de Sófocles a Platón,
de Atenas a Santa Sofía,
de mis versos a tu devoción.

Mañana cuando despierte (…)
Te haré el amor.

Algún día tú y yo viajaremos juntos.

NARCOSIS JUVENIL

Fue tu mayor cobardía:
disparar
donde te confesé:
había cicatriz.

OCHO Y MEDIO

Con lo que
los dos
amamos
el Arte
no supiste
ver
que te
dejé
en aquel
invierno
en la
retina
de aquel
café.

SIETE VIDAS

Cae la noche y somos pardos,
clava en mí este puñal.
Que la sangre sea el vino
y tu boca mi cristal.

Niño de Marte, mi gitano,
sobre tu cama, mi tempestad.
De las siete que tuvo el gato,
restan seis con levedad.

Penitencia de silencios,
amante, reo y maldad.
Llora el cielo tus lamentos,
restan cinco: gitana y verdad.

Doble Alma aquí descansa
a ras de un corazón.
Y si Gata (mentirosa y mala),
yacen versos, poesía (y alcohol).

Dos vidas sobre mi cama.
Te escapas tú, me enzarzo yo.
Mato una como gitana,
pulcra estacada en el corazón.

Lloro sangre, tinta y lamentos.
Muerto el gato, la gitana y su amor,
la Luna custodia el verso cautivo:
de las siete vidas,
solo quedo yo.

PULSIÓN AL EROS

Si lo hubiera sabido,
Dios sabe,
que si tan solo
lo hubiera sabido:

a ciegas
y sin pensarlo
adónde fueses
te hubiera seguido.

Ritual para tus ojos tristes

Pseudodespedidas

RITUAL PARA TUS OJOS TRISTES

Escribo.
En Madrid llueve:
la Ciudad también llora.

Te empecé a recordar
en ninguno de los escenarios
que hayamos compartido:
donde tú eras solo tú
y yo era solo yo
siendo Niños,
envejecidos.

ROMANCE DE SANGRE

Para el instante, Ignacio.

Yo me colgué de tus dentales de fierro,
me encomendé a la Luna de luces de abril.
Lloraba el cielo en pleno aguacero
y tejí un par de letras para hacerte venir.

Los cristales tintados delatan la injuria,
entrega inocente y mirada febril.
Si las segundas partes fuesen de tinta,
derramaría en papel al poeta senil.

Serenata barata en un barco turquesa,
te miro y me buscas, no vuelvas a huir.
Tú de guitarra, yo de quien versa,
deshago los trastes de junio dedil.

Corazón de cristal y mirada de azufre,
te tejo de versos, te atrapo en un *sí*.
No me niegues un baile que ya llega enero
y me duelen los labios de acero y marfil.

Y si estos versos no te bastaran,
y este baile no has de aceptar,
recuerda que:
sempiterno instante
de amor estival
en mi cama
aún es agosto:
vuélveme Niño
a desvelar.

SABINA A MEDIANOCHE

Adivinase tu estela cuando calla el Sol
y vestirme de Luna al disimular.
Mi falda gitana ha de recordar:
te espero sentada en el ventanal.

Huellas lejanas, fue nuestro hogar,
sábanas mojadas, boquita de mar.
Al paseo infinito te habré de llevar
y allá donde quieras poder descansar.

Impío atardecer sobre el pedestal,
así me desvele este beso mortal.
Tu buen corazón no supo entender:
tanto perdí, se me olvidó el querer.

Si me lees algún día podré confesar:
«Es mi última bala, no voy a rogar».
Y si supiera Sabina que morí por ti,
mataría estos versos si volvieses a mí.

CARTA A UN TRANSEÚNTE

Voraz metafísica de quien fugaz se ahuyenta
y en la pedanía de mi cama sediento descansó.
Ego consumido, pena de la huida,
transeúnte eviterno, compañero de mi Amor.

Endeble llamada finita de socorro,
briznas del viento, silencio y dolor.
Amor de algarabía, hambre de pena,
tibios nardos muertos, Lunas de charol.

SALVAVIDAS METAFÍSICO

Ya no estás aquí, pero vives en mí
y yo te paro en cada verso
para volver a matarte
al final de él.

Con cada letra,
desnuda y perecedera,
te desvisto y te admiro,
te toco, sonríes y te deshaces.

Porque tuya fue la decisión de marcharte,
pero míos son los recuerdos,
la poesía y las imágenes
de una Luna
que me habla de ti.

Y aunque la vulgar historia
no deje cicatriz,
en los márgenes de estos poemas
duermo, sueño y me alimento.

Como un salvavidas metafísico
nacido de la catarsis interior
del espejismo

de volver
a verte.

Esto no es una carta de amor,
es un grito sordo de Paz Interior.

ESBOZO AL EROTISMO

Nos amamos como gatos
de cara a la oscuridad.
Al caer la noche, sin tregua,
nos amábamos a matar.

Para separar la línea física
entre el cuerpo y lo sacral:
debajo encima de pie tumbado
cama cocina sofá.

El pasillo delata
lo que no habré de contar:
en dos de las tres camas,
en cada ducha y portal.

Los cuerpos entendían
braille de oscuridad.
Acabaron derrotados:
hambre, sed y voluntad.

Con la estela de Sabina
otro amante vulgar:
nos amamos como gatos
que no saben amar.

INSTANTÁNEA CARNAL

Ocurrencias prodigiosas,
deja ya de fingir,
vives en las letras
con las que yo te tejí.

Hombre gris, anodina vida,
piel de azufre, sal y miel.
Brío narciso, tu retina,
marfil en los labios, corazón de dosel.

Que no volverías aquí me juraste
por ser mi cuerpo tuyo y con él.
Y yo te dije: «Niño de Oro,
es mi corazón donde no te encontré».

Así susurraste con mirada lasciva:
«Nunca más te volveré a ver».
Mas sabe el cielo que, al bajar las musas,
caes de vacío sobre mi papel.

Pasaron las noches y bien que cumplías
la firme promesa de nunca volver.
Y yo le decía a la Luna que mira:
«¿Es que solo perdido le empiezo a querer?».

Entonces la Vieja que todo lo espía,
testigo secreto que no ha de saber,
me dijo: «Niña, de haberle querido,
nunca jamás le habrías de perder».

Lloré tinta inerte sobre mi poesía,
no seas altivo, que yo te inventé.
Y solo al marcharte te quise conmigo,
donde los besos son versos y el amor, cruel.

PSEUDODESPEDIDAS

Usted sabe
Compañero
lo que tanto yo
humilde poetisa
le llegué a querer
que bien
sin antojo
ni codicia
por usted
Compañero
y solo
por usted:
podría haber escrito
este
y mil libros más:
de una semana
de una hora
de un instante
con usted.

Deshago lo andado,
disociación de mi realidad:
terminé contigo un año atrás.
Aquella canción
fue solo el epitafio.
Tú ya habías muerto:
Yo ya te había matado.

La Luna en verso

Que cada cosa cruel, sea que tú vuelves.

JULIO CORTÁZAR

DE MAR Y LETRAS

Por cuanto lloras: sal,
en silencio y sin vacíos:
eres Mar.

Réquiem en soledad

Llanto de poeta

RÉQUIEM EN SOLEDAD

Entreteje la cama los sueños de sangre,
dónde está el llanto, la miga y el Amor.
La Niña morena se deshace en el Invierno
y ruega a la Primavera: tráigame el Sol.

Suena la guitarra del conde de Sevilla,
calma sus lamentos con rimas y valor.
Baila la tristeza con torpeza y alegría:
«Cántame esta noche, yo no tengo voz».

Crudeza y simpatía, la noche se hace parda,
caen los amores sobre el cielo de algodón.
Gaudí sale a pintar la Luna en su trinchera
y Federico recita romanceros de Amor.

Dos disparos sordos se desvisten en el Alba,
la sangre baña la tierra de odio y fervor.
La Luna es la esquela del poeta de Granada:
y espira la Niña en esta triste canción.

DISOCIACIÓN COGNITIVA

Mi cuerpo no responde,
la deformidad de mis manos
des…di…bu…ja mi piel.

Desconozco estos pechos,
estos ojos que acechan,
estos labios que (no) besan.

Mi vientre hinchado
pareciera que a parir fuera:

Ideas…
¿Ideas?
¡Ideas!

¿Debiera acariciar entonces
la redondez de mi quimera?
Yazco y duermo sobre la Luna:
sueño de Niña en pena.

Él viene a redimir
la tristeza en poemas,
como poeta albañil
que sana herida y grieta.

POLIFONÍA VERTICAL

El llanto de Karina,
el cuadro de Godard,
la melodía de Cohen:
escribo en soledad.

ROSAE SANGUIS

Mis rosas renacieron después de haberlas yo, insensible,
matado.
Las arranqué
una a una
del manto sagrado
mientras el oro líquido
del arrepentimiento
bañaba mis mejillas.

Descorazonada,
con el haza empuñada de coral,
las dejé descansar
sobre lágrimas de rocío.

Y fui mártir y verdugo
en un
instante:
porque con el mismo corazón
fracturado por el dolor
socavé cada raíz de aquel jardín.

Insolente mirada
manchada de juventud.

Endeble a cada gota
de salvia derramada
sobre mis manos.

Aquellas que,
vírgenes de pecado,
cargarían desde aquel día
la esquela de cien racimos tuertos.

Y en la cristalidad de mi Amor
me fundí con la pena de la Madre
quien, impotente,
mata al hijo
que de su vientre
nació.
¡Ay, Llorona!

Vigilia de noches en vela
donde solo en el manantial crepuscular
expié cada error
y en las acequias de mi dolor
me deshice en el manto carbonizado.

Aquella tarde,
por cada pétalo que corté,
lloré una lágrima de sangre.

Y en lo más recóndito de mi Ser
nació la plausible y humilde

esperanza de volver a sentir,
ver y respirar mi Jardín
como una prolongación
casi metafísica
de quién había sido.

SÍSTOLE PERSONAL

El corazón a mil lágrimas por segundo,
sírvase otra, esta noche no se duerme.
La vergüenza más corta que la falda,
esta botella lleva escrito mi nombre.

Camarero, dígale:
«Más por vieja que por diabla».
No sé, no,
solo inventaba.

No sabe llorar, indolente poeta, sedienta de lágrimas,
no sabe amar, sortílega Musa, vestida de malvas,
y el corazón inerte a mil puñaladas por segundo.

REZO PAGANO

Salvaje Mar,
vuela gaviota
y llévale a él
mi Alma rota.

ALQUIMIA POÉTICA

Llueve
en metáfora
de la lluvia
que unísona
cae por dentro.

LLANTO DE POETA

Cuántos versos
han nacido y muerto en mí
sin haberlo yo
siquiera percibido.

Como una madre
redentora
ajena al parto
de un hijo
que nace muerto.

Simetría erótica

Sangre del Mediterráneo

SIMETRÍA ERÓTICA

Ni de la Luna vive el Mar,
ni del Sol tus ojos verdes,
mas es pura magia
cuando en tu mirar
tus ojos el Mar vienen a traerme.

INVITACIÓN CANÍCULA

No tengo mucho que ofrecerte
más que mi sencillo amor.
Y a ratos poder quererte
y a otros quererme yo.

Llenar tus huecos de versos,
tus vacíos de devoción.
Mientras vemos llegar el día
y la Luna despide al Sol.

UNA MUSA

Voy a vestirte de besos
hasta que
dulce y tranquila
se te quite la timidez.

Dijo
en un presente
que sonaba perfecto.

Fue entonces cuando comprendí
que hay desnudos
que traspasan la piel
sin quitarse la ropa.

VAGA DEFINICIÓN DE LA PASIÓN

La azotea nos guarda
el secreto:
aquel día
el vértigo
no
era
por
los
nueve
pisos
bajo
nuestros
pies.

DEFINICIÓN EXACTA DEL AMOR

Cuando las paredes son piel,
la puerta Alma,
la cama corazón
y el lugar nómada:
has llegado a Casa.

DELICAE

Luciente Sol
mientras camino.
Hija del Cielo
me da su arropo.

Hasta el más ciego
vería Amor,
que mi único cielo
son tus ojos.

MARCISO

Ojos verdes,
dulce risa.
Brilla tu luz,
mi piel erizas.

Pulida piel,
por cien lunares.
Vestigio de tus besos,
litigio de mis males.

Salvaje interior,
cielo de gaviotas.
Cáliz de recuerdos,
que dejaste a cuentagotas.

En otra playa ahora descanso,
pero mi Mar sigue contigo:
de tu arena sigo manchada
de tus besos llevo el testigo.

SANGRE DEL MEDITERRÁNEO

El verano es Fuego
después de la incesante lluvia
que se quedó en abril.

Fuego de ti.
Fuego de mí.

Sin olvidar
que hay llamas
que nunca mueren
volverá septiembre.

Mientras admiraba el Fuego del cielo que vestía los trigales
de mi hogar y recordaba, con nostalgia,
el paso de un año sin el amor de mi juventud.

De mar y letras

Pies descalzos

DE MAR Y LETRAS

El truco está en ser poesía
y también algo de Mar
para que al leer prosa incandescente
se acuerde de tus versos
y al bañarse en ríos secanos
tus olas muera por abrazar.

VIGILIA ESTIVAL

Las noches de verano las inventó un poeta
deseoso de amor carnal.
El Amor que centrifuga
la experiencia vital.
Deshace la madrugada
y despeña el despertar.

Las noches de verano las inventó un poeta
en clamada soledad.
El que frente al Sol susurra
los cantos del gorrión
acariciando el viento
de soslayo y desazón.
Y no precisa austero
de más refugio certero
que un puñado de letras y mar.

Las noches de verano las inventó un poeta
con sed estival.
Porque son estas sino
la antesala de la vigilia frugal.
Y ahí sí, el eterno lugar,
donde se anhela la caricia ajena,

el beso querido,
el cuerpo redentor.

Las noches de verano las inventó un poeta
como escena musa teatral.
Noctilucas horas pasan
donde el tiempo es vertical.
Allí es allá y ahora se desdibuja
como el pasado circular
en el que los sueños
se hacen realidad.

Las noches de verano son martirio
para el cuerpo en soledad.
Es la sed del náufrago,
la sangre de la tierra,
el llanto sobre el Mar.

En esta tarde que anochece,
de verano frente al Mar,
escribo humildes versos
con pena, pasión y levedad.

SONAMBULISMO DE CIUDAD MARCHITA

Volví a la ciudad y el cielo se rompió sobre mis hombros.
Lloraron sus lágrimas la pena de mi corazón
y en la retina de mi ventana
descubrí que el Amor por mi Mar
me había dejado deambulando desnuda por la ciudad.

PURA VIDA

Pura vida,
Morena:
que arrastras tu piel salada,
mientras suave, paseas
negros dardos, tu mirada.

Pura vida,
Morena:
quién fuera el Mar que te envuelve,
la Tierra que tus manos siembran,
el Fuego que tus pies desprenden.

Pura vida,
Morena:
los frutos de tu vientre
maduros y sin dicha
son testigos del dolor que sientes.

Pura vida,
Morena:
flaqueando almas dejas,
sales a bailar a la Luna
y de ti no hay cura que proteja.

Pura vida,
Morena:
que te quieres
libre
salvaje.
eterna.

CÁNTICO DE BAJAMAR

Me gustas salvaje, rota y fugaz.
Con el vaivén de tu falda
y que te vengas
y te vas.

Cristal de lirios rotos,
Amor de alta mar,
huellas de quien conoce:
robas vidas,
traes paz.

Sal de tus andares,
lágrimas de tempestad,
me robas la pena y sus males,
me traes en tu vientre mi hogar.

Tejer en tus cristales mi pisada,
llorar a través de ti mi desazón.
Viento de tu piel salada,
bañarse en ti, mi Amor.

Fundir mi salvia cuando duerma,
regresar cuando pare el reloj.
Y jurarte cada vez que vuelva:
dejaré en ti mi yo.

Te quiero salvaje y rota
cuando robas vidas con tu andar.
Y recuerdas con boquita de bruja
que de ti no se puede escapar.

Quisiera quedarme hoy contigo
donde me siento la Niña de Mar,
sin necesidad de más que un ratito
para volver a sentir mi hogar.

HIJA DEL MAR

Soy de Mar
cuando mis pasos,
torpes y encantados,
son guiados por la Luna.

Soy de Mar
cuando mis recuerdos,
lejanos y agolpados,
son estelas de la espuma.

Soy de Mar
cuando mis besos,
sutiles y sesgados,
son olas en la bruma.

Soy de Mar
cuando mis marineros,
eternos y honrados,
son marea en mi locura.

2.36 de la madrugada
7 de agosto de 2017, Chiclana (Cádiz)

PIES DESCALZOS

Secano y sediento,
Madrid,
no terminas de atraparme.

Mi Espíritu,
libre y empapado,
se empeña en alejarme.

Pies descalzos,
piel salada,
el Mar llevo en mi vientre.

Con deseo
y desarmada
te dejo para siempre.

Agosto frente al Mar

Solo en la tempestad de su bondad
entendí la belleza de su rebeldía.
Agosto frente al Mar:
la niña ha vuelto a casa, Yaya.

ÍNDICE

LA LUNA EN VERSO   11
Agonía crepuscular   13
  Agonía crepuscular   15
  Crystal Tempore   18
  Epitafio espiritual   19
  Aforismo versado   20
  Sepulcro al silencio   21
  Salvavidas metafísico   22
  Luz de Luna   24

Federico   25
  Federico   27
  Llanto sobre la tierra 30
  Réquiem   31
  Poeta de almizcle   33
  Medianoche en Granada   34

La Luna en verso   35
  La Luna en verso   37
  Plegaria de luna   38
  Luna llena   40
  Romance de la Luna   41
  Plegaria   43
  Sastre de Luna   44
  Luna nueva   46

RITUAL PARA TUS OJOS TRISTES   49

Poesía a pie de andén   51

    Poesía a pie de andén   53

    Niño de Cristal   54

    Plaza España   56

    Instrumental solo   58

    Capitol   61

    Estrella de cenizas   66

    Nosaltres des de la meva finestra   67

    Meditaciones sobre el vacío   68

Diástole personal   69

    Diástole personal   71

    Primavera en París   72

    Holanda desde París   73

    Muso estoico   74

    Narcosis juvenil   75

    Ocho y medio   76

    Siete vidas   77

    Pulsión al Eros   79

Ritual para tus ojos tristes   81

    Ritual para tus ojos tristes   83

    Romance de sangre   84

    Sabina a medianoche   86

    Carta a un transeúnte   87

    Salvavidas metafísico   88

    Esbozo al erotismo   90

    Instantánea carnal   91

    Pseudodespedidas   93

DE MAR Y LETRAS   97

Réquiem en soledad   99

    Réquiem en soledad   101

    Disociación cognitiva   102

    Polifonía vertical   103

    Rosae sanguis   104

    Sístole personal   107

    Rezo pagano   108

    Alquimia poética   109

    Llanto de poeta   110

Simetría erótica   111

    Simetría erótica   113

    Invitación canícula   114

    Una musa   115

    Vaga definición de la pasión   116

    Definición exacta del amor   117

    Delicae   118

    Marciso   119

    Sangre del Mediterráneo   120

De mar y letras   121

    De mar y letras   123

    Vigilia estival   124

    Sonambulismo de ciudad marchita   126

    Pura Vida   127

    Cántico de bajamar   129

    Hija del mar   131

    Pies descalzos   132

Agosto frente al Mar   133

Este libro
se terminó de imprimir
en el mes
de abril de 2024

«Para viajar lejos no hay mejor nave que un libro».

EMILY DICKINSON

Gracias por tu lectura de este libro.

En **penguinlibros.club** encontrarás las mejores
recomendaciones de lectura.

Únete a nuestra comunidad y viaja con nosotros.

penguinlibros.club

 penguinlibros